QRコードを読みこむと、ウェブサイトから折りかたの動画を見たり、折り紙用紙をダウンロードしたりできます。

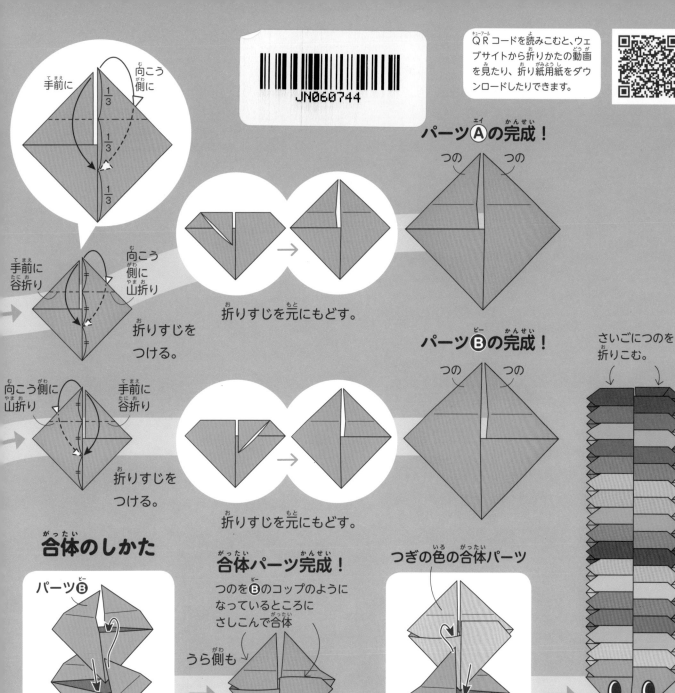

手前に　向こう側に　1/3　1/3　1/3

手前に谷折り　向こう側に山折り　折りすじをつける。

向こう側に山折り　手前に谷折り　折りすじをつける。

折りすじを元にもどす。

パーツⒶの完成！
つの　つの

折りすじを元にもどす。

パーツⒷの完成！
つの　つの

さいごにつのを折りこむ。

合体のしかた

パーツⒷ
パーツⒶ

ⒶのコップのようになっているところにⒷをさしこむ。

合体パーツ完成！
つのをⒷのコップのようになっているところにさしこんで合体
うら側も

この合体パーツを17色つくる。

つぎの色の合体パーツ

つぎつぎとさしこんでつないでいく。

17色の合体パーツがつながった！

SDGsのきほん
教育 目標4

著・稲葉茂勝　監修・渡邉 優
編さん・こどもくらぶ

SDGs基礎知識 ○✕クイズ

Q1 SDGs目標4のテーマは、「質の高い教育を開発途上国にも」である。

Q2 SDGs目標4のターゲットにはジェンダー格差をなくすことがふれられている。

Q3 日本の識字率は、世界のトップ水準にある。

Q4 日本の義務教育は、保護者に課せられた義務である。

Q5 SDGs目標4でいう教育は、義務教育を終えた人たちについても関係する。

Q6 内戦が続く地域では、自らの意思で子ども兵士になる場合もある。

Q7 日本は、先進国のなかでも大学進学率が高い。

Q8 世界一本が出版されている国は、日本である。

Q9 国民の教育は国の義務だと考えられている。

Q10 義務教育制度があっても、学校にいけない子どもたちがたくさんいる国もある。

答え
Q1 ✕（→p10）　Q2 ○（→p26）　Q3 ○（→p6）　Q4 ○（→p11）　Q5 ○（→p10）　Q6 ○（→p13）　Q7 ✕（→p16）　Q8 ✕（→p28）　Q9 ○（→p22）　Q10 ○（→p11）

ミンダナオ子ども図書館

文／大塚健太　絵／おくやまひでとし

ユウキは、小学6年生。
中学3年の姉のカナがダンボールをかかえて帰ってきた。

お姉ちゃん、その箱、何？

文房具だよ。
クラスのみんなから、
つかわない文房具を
集めてきたの。

文房具！　つかわない？

そこへ、「ユウキ、宿題は終わったの？」と、キッチンから母の声。

あー　めんどうくさいな。
学校なんて、なければいいのに。
学校がなければ、
宿題もないのに〜。

ユウキ、なんてこというの。

『ミンダナオ子ども図書館』の
子たちは、学校にいきたくても
いけないのよ。

ここは図書館なの？

名前は、図書館なんだけど、
孤児院なのよ。

えっ！　孤児院？

へぇ、そうなんだ。
でも、まだわかんない。

内戦で、親をなくしたり、
貧困で学校にいけなかったりした
子どもたちが、共同で生活している
施設なのよ。館長さんは、
日本人なの。

3

そういわれたカナは、ユウキに
文房具を送るようになったいきさつを、ていねいに話してきかせた。
するとユウキがいった。

それからもしばらくカナは、作業をしながら話しつづけた。
『ミンダナオ子ども図書館』について、そして、貧困ということについてなど。

この施設から少しはなれたところにはイスラム過激派がいて、政府軍と戦闘が続いている。地雷原もあって、いまも、ときどき住民が被害にあっている。

家庭が貧困で、教育を受けられない、学校にいけない子どもがたくさんいる。

子どもが教育を受けられないままおとなになると、貧困生活からぬけだせない。

世界には学校にいけない子どもが、約2.5億人もいる。そういう国は、国自体が貧しく、世界から取りのこされている。

そうした開発途上国を豊かにするには、子どもたちをしっかり教育しなければならない。そのためには、学校をつくって設備も整えていかなければならない。

「文字」は、文化を伝える重要な手段の１つです。文字を学ぶことを通して、その国のあらゆる文化が国民のあいだに広がり、また、後世の人びとに残されます。ここでは、成人の識字率を示した世界地図をつかって世界の国ぐにの教育のようすを見てみましょう。

開発途上国の識字率

「識字率」とは、国の全人口のなかで、文字を読み書きできる人の割合を示しています。日本人は、ほぼすべての人が読み書きできます。でも、開発途上国、とくにアフリカの国ぐにや南アジアの国ぐにでは識字率は低くなっています。なお、識字率をあげることは、国家の運営をおこなうためにも、重要なことだと考えられています。

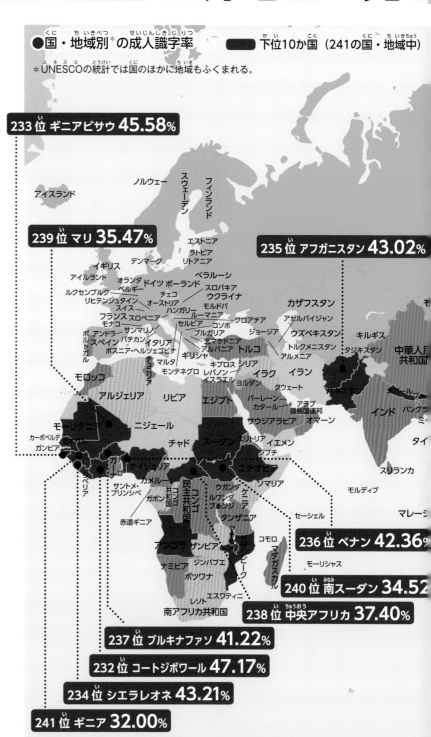

● 国・地域別 の成人識字率　　　下位10か国（241の国・地域中）

＊UNESCOの統計では国のほかに地域もふくまれる。

233 位 ギニアビサウ 45.58%

239 位 マリ 35.47%

235 位 アフガニスタン 43.02%

236 位 ベナン 42.36%

240 位 南スーダン 34.52

238 位 中央アフリカ 37.40%

237 位 ブルキナファソ 41.22%

232 位 コートジボワール 47.17%

234 位 シエラレオネ 43.21%

241 位 ギニア 32.00%

アイスランド　ノルウェー　スウェーデン　フィンランド　エストニア　ラトビア　リトアニア　イギリス　アイルランド　デンマーク　オランダ　ドイツ　ポーランド　ベラルーシ　ルクセンブルク　ベルギー　チェコ　スロバキア　リヒテンシュタイン　オーストリア　ウクライナ　スイス　ハンガリー　モルドバ　カザフスタン　フランス　スロベニア　ルーマニア　アゼルバイジャン　モナコ　サンマリノ　クロアチア　ジョージア　ウズベキスタン　キルギス　アンドラ　セルビア　コソボ　ブルガリア　トルクメニスタン　タジキスタン　中華人民共和国　ボルトガル　スペイン　バチカン　イタリア　北マケドニア　アルバニア　トルコ　アルメニア　ボスニア・ヘルツェゴビナ　ギリシャ　チュニジア　マルタ　キプロス　シリア　イラク　イラン　モンテネグロ　レバノン　カタール　ネパール　モロッコ　イスラエル　ヨルダン　インド　バングラ　アルジェリア　リビア　エジプト　バーレーン　アラブ首長国連邦　オマーン　モーリタニア　ニジェール　チャド　スーダン　エリトリア　イエメン　タイ　カーボベルデ　ジブチ　スリランカ　ガンビア　ガーナ　ナイジェリア　エチオピア　モルディブ　サントメ・プリンシペ　カメルーン　ウガンダ　ソマリア　マレーシ　ガボン　コンゴ共和国　ルワンダ　ケニア　セーシェル　赤道ギニア　民主共和国　ブルンジ　タンザニア　コモロ　アンゴラ　ザンビア　マダガスカル　モーリシャス　ナミビア　ジンバブエ　ボツワナ　レソト　エスワティニ　南アフリカ共和国

6

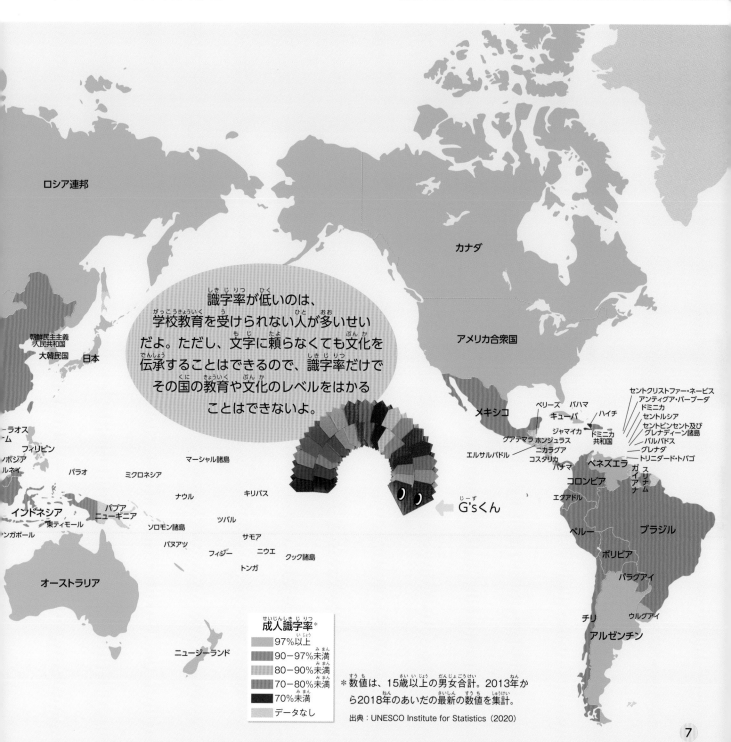

識字率が低いのは、学校教育を受けられない人が多いせいだよ。ただし、文字に頼らなくても文化を伝承することはできるので、識字率だけでその国の教育や文化のレベルをはかることはできないよ。

ロシア連邦

カナダ

朝鮮民主主義人民共和国

大韓民国　日本

アメリカ合衆国

セントクリストファー・ネービス
アンティグア・バーブーダ
ドミニカ
セントルシア
セントビンセント及びグレナディーン諸島
バルバドス
グレナダ
トリニダード・トバゴ

ベリーズ　バハマ
キューバ　ハイチ
ジャマイカ　ドミニカ共和国
メキシコ
グアテマラ　ホンジュラス
エルサルバドル　ニカラグア
コスタリカ
パナマ
ベネズエラ
ガイアナ
スリナム
コロンビア
エクアドル

ラオス
ーム
フィリピン
ンボジア
ルネイ
パラオ

マーシャル諸島

ミクロネシア

ナウル

キリバス

G'sくん

ンガポール
インドネシア
東ティモール
パプアニューギニア

ソロモン諸島

ツバル

サモア
ニウエ
クック諸島
トンガ

ペルー

ブラジル

ボリビア

パラグアイ

バヌアツ
フィジー

オーストラリア

ニュージーランド

チリ
ウルグアイ
アルゼンチン

成人識字率＊

- 97％以上
- 90−97％未満
- 80−90％未満
- 70−80％未満
- 70％未満
- データなし

＊数値は、15歳以上の男女合計。2013年から2018年のあいだの最新の数値を集計。

出典：UNESCO Institute for Statistics（2020）

はじめに

みなさんは、このシリーズのタイトル「SDGs のきほん」をどう読みますか？「エスディージーエスのきほん」ではありませんよ。「エスディージーズのきほん」です。

SDGs は、英語の SUSTAINABLE DEVELOPMENT GOALs の略。意味は、「持続可能な開発目標」です。SDG がたくさん集まったことを示すためにうしろに s をつけて、SDGs となっているのです。

SDGs は、2015 年 9 月に国連の加盟国が一致して決めたものです。17 個のゴール（目標）と「ターゲット」という「具体的な目標」を 169 個決めました。

最近、右のバッジをつけている人を世界のまちで見かけるようになりました。SDGs の目標の達成を願う人たちです。ところが、言葉は知っていても、「内容がよくわからない」、「SDGs の目標達成のために自分は何をしたらよいかわからない」などという人がとても多いといいます。

SDGsバッジ

ということで、ぼくたちはこのシリーズ「SDGs のきほん」をつくりました。『入門』の巻で、SDGs がどのようにしてつくられたのか、どんな内容なのかなど、SDGs の基礎知識をていねいに見ていき、ほかの 17 巻で 1 巻 1 ゴール（目標）ずつくわしく学んでいきます。どの巻も「絵本で考えよう！ SDGs」「世界地図で見る」からはじめ、うしろのほうに「わたしたちにできること」をのせました。また、資料もたくさん収録しました。

さあ、このシリーズをよく読んで、みなさんも人類の一員として、SDGs の目標達成に向かっていきましょう。

稲葉茂勝

SDGが
たくさん集まって、
SDGsだよ。

もくじ

① 質の高い教育とは？

世界を続けていく（持続可能にする）ためには、質の高い教育が重要な役割をになっています。ところが、現実はきびしく、質が高いどころか、最低限の教育さえもできていない国が多くあります。

「QUALITY EDUCATION」の意味

SDGsの4つ目の目標の「テーマ」*は、英語で「QUALITY EDUCATION」、日本語では「質の高い教育をみんなに」です。また、目標は下の通りです。

4 質の高い教育をみんなに

- Ensure inclusive and equitable quality education and promote lifelong learning opportunities for all
- すべての人々への包摂的(→p30)かつ公正で質の高い教育を提供し、生涯学習の機会を促進する
  (all)　(inclusive)　(equitable quality education)　(ensure)　(lifelong learning)　(opportunities)　(promote)

世界の教育の現実

現在、読み書きがじゅうぶんにできない15歳以上の人は、世界中で7億人以上いるといわれています。また、就学年齢に達していながら小学校に通えない子どもたちは5000万人以上いると予測されています。内戦などにより、学校が破壊された場所や、紛争（→p30）地域からにげだしてきた人びとが集まる場所（難民キャンプ）では、学校そのものがないこともあります。開発途上国では、まだまだ開発がおくれて、学校がつくられていない地域もあります。

学校で、生きる上で必要な知識を身につけないと、おとなになって不利な仕事につかされ、貧しさに苦しむことも多いんだ。

目標4の「みんな」とは？

教育は、子どもに対するものだけではありません。社会のあらゆる分野の専門家を育てたり、さまざまな活動をする人びとを育成したりするのも、教育の役割です。目標4「質の高い教育をみんなに」の「みんな」には、義務教育を終えた人たちにおこなう教育もふくまれているのです。

＊SDGsの各目標は、文章で書かれている。それに対し、ロゴマークの上に書かれた短い言葉がある。それを「テーマ」とよんでいる。

学校にいけない先進国の子ども

先進国にもさまざまな理由で学校にいけない子どもが大勢います。日本は、SDGsの目標4（質の高い教育）をほぼ達成できていると評価されていますが（→『入門』の巻）、不登校やひきこもりの問題もあります。障がいがあるために学校にいけない子どももいます。こうした子どもたちへの教育支援が不十分では、「教育の質の高い国」とはよべません。

世界の義務教育

「義務教育」とは、子どもに受けさせなければならないと定められた教育（期間）のことです。どこの国でも義務教育がはじまる年齢は、それほどかわりませんが、期間がことなり、内容は大きくちがっています。

- 義務教育がはじまる年齢は、世界の国ぐにの8割が6〜7歳。フランスでは3歳から、アイルランドでは4歳からはじまり、また、スウェーデン、ドイツ、ポーランドなどのように学校にあがる年齢が決められていても、親の希望で1年のばすことができる国もある。
- 開発途上国のなかには、義務教育制度があっても、学校にいくことができない子どもがたくさんいる国が多い。

- 義務教育の期間は、国によってさまざまだ。短いところで4年、長い場合には13年という国もある。また、カンボジアのように義務教育制度がない国もある。義務教育制度がないのに、ほぼ全員が中学校までは卒業するマレーシアのような国もある。
- 日本では、義務教育の期間は6歳から15歳（小学1年生から中学3年生）の9年間だが、98.8%が高校に進学するため（2019年）、実際には12年間のような状況である。

もっとくわしく
義務教育

「義務教育」というと、子どもが学校にいくことが義務だと思う人が多い。だが、「子どもの権利条約（→p30）」では、子どもが学校にいくのは義務ではなく、権利であるとされる。一方、親には、子どもを学校にいかせて教育を受けさせる義務がある。しかし親自身が教育を受けないでおとなになると、子どもに教育を受けさせることの大切さを理解できない。そうした親が、生活のために子どもを働かせてしまうことがあるといわれている。

日本ではじめて義務教育が定められたのは、1872（明治5）年。世界では、1852年、アメリカのマサチューセッツ州ではじめて義務教育が定められた。

バングラデシュの農村の小学校では1クラスあたりの人数が多いので、生徒は密着して授業を受けなければいけない。

② 教育格差とは？

「格差社会」という言葉がよくつかわれています。
これは「経済格差」のことで、「貧富の差」を意味しています。
でも格差は、それだけではありません。「教育格差」もその1つです。

このページにある世界の教育の現状をしっかり知っておこうね。

経済格差から教育格差へ

　教育格差は、経済格差から生みだされたものですが、逆に経済格差の背景になっています。

　世界には、富める国と貧しい国との格差があって、教育を受けられる国もあれば受けられない国もあります。また、それぞれの国のなかにも教育格差があります。

　貧しい人が豊かになるためには、教育を受け、ちゃんとした職業につかなければなりません。

　貧しい人は質の高い教育を受けられないことが多くあります。でも、教育を受けられなければ、貧しさからぬけだすことはできないのです。

　どの国の政府も、教育には力を入れたいと考えています。でも、お金がなくて教育制度を整えることができなかったり、教育政策がうまくいかない国も多くあります。教育格差をなくすには、あわせて経済格差もなくしていかなければなりません。一方で、教育格差がなくならなければ経済格差もなくなりません。

現在の世界の教育格差

学校には、校舎があって校庭があり、体育館などもあります。校舎のなかには、教室があって黒板、いす、机があり、校庭には、いろいろな遊具があります。最近は、コンピュータをつかっていろいろなことができます。でも、世界には、黒板、机、いすがない学校がいくらでもあります。校舎もないところで勉強している子どもたちもいます。こうした現実が、現在の世界の教育格差です。

世界には、子どもが学校にいけない国がたくさんあります。開発途上国の子どもが学校にいけない理由として、つぎのようなことがあげられています。

- 家の手伝いをしなければならない。
- 収入を得るために働かなければならない。
- 教科書や文房具を買うお金がない。
- 子どもが勉強することを親が必要ないと考えている。

紛争が続く南スーダンの難民キャンプ。
南スーダンでは、小学校に通える子どもは3割しかいない。

もっとくわしく

子ども兵士

「子ども兵士」とは、武器をもって戦闘に参加する18歳未満の子どものこと。ユニセフ*によると、現在、世界中の子ども兵士の数は、約25万人。そのなかには6歳の子どももいると報告されている。子どもが兵士になる理由は、大きく2つにわけられる。1つは、誘拐されたり脅迫されたりして、強制的に兵士にされてしまう場合。少年兵を集める人がいて、学校や孤児院（→p30）、さらには子どもの家にまで押しよせ、誘拐することもある。もう1つが、親や兄弟が殺された子どもが、自ら志願して兵士になる場合だ。紛争地域に育った子どもたちは、暴力や殺人、銃の発射音を身近に見て聞いている。そうした子どもたちにとって、兵士になることはふつうになってしまっているのだ。家もなく学校もない子どもたちにとっては、武装組織しか自分の居場所がない。

紛争が続くリベリアでは、子ども兵士が戦闘に加わることがある。

＊すべての子どもの命と権利を守るために活動する国連機関。国連児童基金（UNICEF）。

③ 世界の主な国ぐにの教育制度

ここでは世界の主な国ぐにの教育制度を見てみます。
教育制度をくらべることで、世界の教育格差と、
1国のなかの教育格差について考えてみましょう。

先進国・開発途上国・新興国

　現在の世界は、先進国と開発途上国、そして、新興国の「BRICS」（ブラジル、ロシア、インド、中国、南アフリカ→『貧困』の巻）と「Next Eleven」（韓国、バングラデシュ、エジプト、インドネシア、イラン、ナイジェリア、パキスタン、フィリピン、トルコ、ベトナム、メキシコの11か国）などによってなりたっています。

　ここでは、先進国のイギリス、ドイツ、フランス、アメリカと、中国、韓国の教育制度を紹介します。

イギリス

　義務教育は11年間（イングランドでは13年間）。公立の授業料は無料。学校制度[*1]は、公立と私立ではことなり、地方によってもかなりちがう。また、平等な教育がおこなわれているが、名門といわれる私立学校には上流階級の学生が多いなど、いまでも階級が色濃くのこっている。

ドイツ

　義務教育の期間は州ごとにことなるが、多くの州が9年間。ドイツの教育制度の特徴は、学校の選びかたにある。4年間の基礎学校を出たあとに、基幹学校、実科学校、ギムナジウム[*2]という3種類のなかから選択して進学する。基幹学校を卒業すると、手工業の職人の見習いになったり、工場や企業で研修を受けたりしながら職業訓練（→p30）を積んでいく。実科学校を

ドイツのギムナジウム。

*1 学校に関して国などが定めた制度。日本の学校制度では、小学校6年間、中学校3年間、高校3年間の6-3-3制。

卒業すると、基幹学校の場合と同じように職業訓練を受けたり、職業教育学校に進学したりする。ギムナジウムを卒業した生徒は、大学進学資格を取得することができて、大学へ進学する。

*2 ドイツの大学入学準備のための7年制または9年制の普通中等学校。

フランス

義務教育は、13年間。学校制度は3-5-4-3*3制で、そのあとに大学（国公立大学は授業料無料）がある。大学ごとの入学試験はなく、18歳で受ける「バカロレア」とよばれる共通試験により進学先が決まる。また、バカロレアは大学進学用のほか、職業コース用のものもあり、フランスではこの試験で将来が決まるといわれる。

*3 2019年秋から義務教育に、3〜5歳の子どもが通う「保育学校」も追加された。

アメリカ

義務教育は9年、10年と州によってことなる。学校制度も州や学区によるが、8-4制、6-3-3制、6-6制、5-3-4制が一般的。

アメリカの教育制度でもっとも特徴的なのが、上級学校への進学・入学試験がないこと。高校に入るときにも、大学に入るときにも試験はない。たいへんな受験勉強をして進学のための受験にいどむ韓国や日本の教育制度とは大きくちがう。進学への道がだれにでも開かれている一方で、卒業するのはむずかしいというのが、アメリカの教育制度のもう1つのとくちょうだ。

中国

義務教育は、小学校と中学校の9年間。学校制度は6-3制がふつうだが、5-4制をとっているところもある。同じ5-4制をとっていても、都市部と農村部では選択の理由がちがう。上海のような教育環境が整っている都市部では、学校教育にゆとりをもたせるという理由で、5-4制を選んでいる場合もある。一方、先生や校舎、お金が不足している農村部では、小学校が少しでも普及しやすいように5年制にして、中学校の4年目は職業訓練（→p30）など、働くための準備にあてている。教育制度にも、都市部と農村部の格差の影響が大きく出ている。

韓国

韓国の義務教育は9年間。6年間の初等学校のあと、3年間の中学校に進学する。韓国では高校受験がなく、決められたいくつかの公立・私立の高校のなかから抽選でどこに進学するかが決まる。そのため、韓国の子どもたちは大学受験まで、入試を経験しない。ここが日本の子どもたちとはちがう。だが、人気の大学に入れるかどうかが、はじめての受験で決まってしまう。そのため、多くの子が小さいころから塾通いをし、大学受験に備える。また、国としても教育先進国をめざしているので、韓国の人びとは教育に対してとても熱心だ。

④日本での教育格差の現実

日本では、「教育格差」という言葉が、世界の教育格差とは
ことなる意味でつかわれることがあります。
日本でいう「教育格差」は、本来の教育格差ではありません。

「教育格差」の意味

日本では、「教育格差」という言葉がしばしばつぎの意味でもつかわれます。

- 学力偏差値*の高い学校と低い学校とのあいだにある格差。
- 公立学校と私立学校の入学金や授業料の格差。
- 私立学校や塾がたくさんあって学校や塾を選べる都市と、それができない地方との格差。

一方、日本でもそれぞれの家庭のあいだにある経済格差によって、教育環境の格差が生まれています。経済格差が要因という点では、本来の意味の教育格差です。でも、日本ではほぼ全員が義務教育を受け、高校にいきます。こうした状況のなかでの教育格差は、開発途上国の教育格差とことなるのは、いうまでもありません。

大学進学率

日本では現在、大学に進む人は高校卒業生全体のおよそ半分です。ほかの先進国とくらべて、大学進学率は高いほうではありません。

その１つの理由として、大学の授業料が高いことがあげられます。ところが、世界には、小学校から大学まで授業料が無料という国がたくさんあります。

●大学への進学率 (2016年)

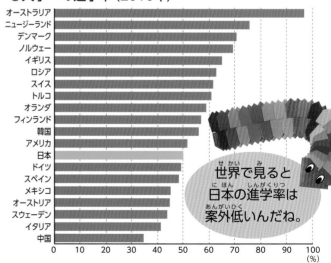

オーストラリア	
ニュージーランド	
デンマーク	
ノルウェー	
イギリス	
ロシア	
スイス	
トルコ	
オランダ	
フィンランド	
韓国	
アメリカ	
日本	
ドイツ	
スペイン	
メキシコ	
オーストリア	
スウェーデン	
イタリア	
中国	

0 10 20 30 40 50 60 70 80 90 100
(%)

世界で見ると
日本の進学率は
案外低いんだね。

出典：労働政策研究・研修機構「データブック国際労働比較2019」

*学力試験の結果が受験生全体の平均値からどの程度高いか低いかを示す数値。

日本では憲法と法律によって、すべての国民に、能力に応じて等しく教育を受ける機会（教育の機会平等）が保障されているが、いまだに教育格差は存在している。

もっとくわしく

「学歴信仰」とは？

どの学校を卒業したかを「学歴」とよぶ。「学歴信仰」とは、その人が何を学んできたかではなく、どの学校を卒業したかをだいじにする風潮をさす。学歴信仰は世界各国にあるが、とくに日本、韓国、中国、台湾、シンガポールでは、学歴信仰が根強い。最近大きく経済発展をとげているインドでも、新たな学歴信仰が生まれているという。また、タイなどのように国内の学校がじゅうぶんに発達していない国ぐにでは、海外の学校を重視する学歴信仰もある。

もっとくわしく

新型コロナウイルスによる情報格差

日本は2020年、新型コロナウイルスの蔓延により、すべての学校が休校になった。そうしたなか、地域や学校によって、休校中の対応に大きなばらつきが出た。その背景の１つに、情報通信技術（ICT）の活用状況のちがいがある。

文部科学省は以前からICTの活用を推進していたが、実際にはパソコン・インターネット環境の整備が追いつかない自治体も多かった。しかも、学校と家庭をインターネットでつないでおこなう在宅授業（オンライン授業）をしようとしても、家庭の経済状況などによってはIT環境がないことも多かった。また、たとえIT環境が整っていたとしても、先生や子どもがコンピュータをつかいこなせないという事情もあった。一方でICT活用が進んでいる学校では、すぐにすべての家庭と学校をつないでオンライン授業をおこなうことができた。つまり、地域・学校によってはオンライン授業ができたり、一方、まったくできなかったりという格差（情報格差）があった。こうした情報格差（経済格差が背景にある情報格差）の拡大により、教育格差が広がってしまうのだ。

世界の教育格差について、ここでは、世界地図で示された2つの資料を見ながら考えてみます。世界にはどのような教育格差があるでしょうか？
また、日本の教育環境は、どうでしょうか？

先生1人あたりに対する生徒数

下の地図は、世界の国ぐにで1人の先生がどれくらいの数の子どもたちを教えているのかをあらわしています。先生と子どもたちの比率には、国によって大きな差があります。

ヨーロッパの国ぐにでは、1人の先生が担当する生徒の数が少なく、とくに北欧のノルウェーなど、福祉の充実している国は、教育分野でも進んでいます。一方、紛争で国内の治安が不安定なアフガニスタンや中央アフリカなどでは、先生に対する生徒が多すぎるため、生徒の学力が不足したり退学してしまう割合が高くなったりと、教育の質が問題になっています。

●世界各国の教師1人あたりに対する生徒数※

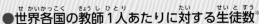
初等教育 —— 中等教育

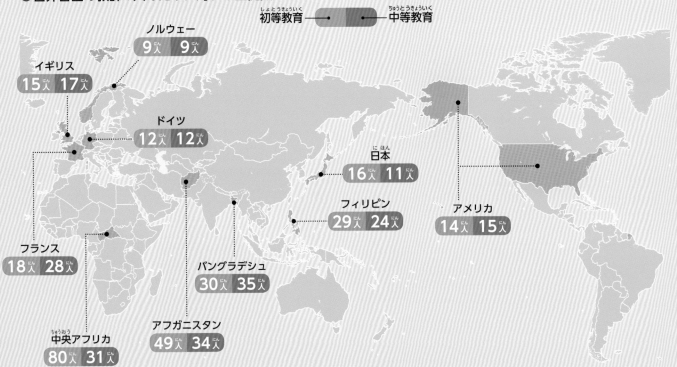

ノルウェー
9人 9人

イギリス
15人 17人

ドイツ
12人 12人

日本
16人 11人

フィリピン
29人 24人

アメリカ
14人 15人

フランス
18人 28人

バングラデシュ
30人 35人

中央アフリカ
80人 31人

アフガニスタン
49人 34人

※生徒数を常勤の教師数でわった数値。学級ごとの生徒数はさらに多くなる。

出典：UNESCO Institute for Statistics（2013〜2018年で最新の数値）

教育格差

公共図書館の数

　だれもが自由に本を借りることのできる公共図書館は、あらゆる知識を得る上でとても大切な教育環境です。人口や国土の面積にちがいはありますが、ロシアのように日本の十倍以上の数の公共図書館をもつ国もあれば、アフリカのブルンジのようにたった1つしかないという国もあります。

イギリスの大英図書館は、世界最大級の国営図書館。約1億7000万点の資料を所蔵する。

●世界各国の公共図書館の数

イギリス 3889館

ドイツ 4709館

ロシア 3万7138館

アメリカ 1万7227館

イタリア 6042館

日本 3331館

フランス 1万6500館

フィリピン 1455館

ネパール 7館

ブルンジ 1館

世界一本を読む国はロシアだといわれているよ。

出典：国際図書館連盟「世界の図書館の地図」（2014〜2019年で最新の数値）

19

⑤ 教育格差をなくすには?

1942年、世界の国ぐにの代表者が集まって、子どもたちにきちんとした教育を受けさせるためには、どうすればいいかを話しあいました。それが連合国の文部大臣会議[*1]です。

ユネスコ憲章

広島と長崎に原爆が落とされ、1945年8月15日に第二次世界大戦が終わりました。そして11月の連合国文部大臣会議で「ユネスコ憲章」(→p30) が採択され、1946年には、その考えかたのもとに「ユネスコ (国際連合教育科学文化機関)」ができました。

「ユネスコ」は、英語の頭文字で UNESCO[*2]。その目的は「戦争をなくすために人びとの心のなかに平和のとりでをつくる」ために「読み書きのできない人に読み書きを教え、職業を自分でえらべるようにする」ことなどです。

フランスのパリにあるユネスコ本部庁舎。

もっとくわしく

ユネスコ協会と日本!

1946年11月、日本のある新聞のかたすみに小さな記事がのった。「パリでユネスコ第1回総会」と書かれた記事だった。これを見た東北大学の総長だった佐武安太郎氏が1947年、仙台でユネスコ協力運動をはじめる。日本ではじまった市民によるユネスコの活動は世界に広がり、いまでは100か国以上で、5000以上のユネスコ協会やクラブが生まれている (日本には全国に約300のユネスコ協会がある)。

[*1] 1942年、イギリス外務省のよびかけではじまった。はじめはヨーロッパの教育を立てなおすことをめざしていたが、戦争の悲惨さを目の当たりにして、教育、文化の国際協力で世界平和を築こうという方向に進んでいった。
[*2] United Nations Educational, Scientific and Cultural Organizationの略。

第二次世界大戦中のポーランド。戦争によって教育を受けられない子どもたちがたくさんいた。

あなたのつぶやきが、世界を変える。

世界の「貧しい」を半分に。MDGs 2015 キャンペーン

MDGsの普及のためにつくられたポスター。

2000年のMDGs

　第二次世界大戦の反省とともに戦後世界を立てなおそうと、1945年10月24日、国際連合が設立されました。それから半世紀以上がすぎましたが、世界はよくなるどころか、このままでは持続不可能になると心配されはじめました。そこで、21世紀をむかえる直前の2000年、そ

の後の世界を持続可能にするための8つの目標（左下）がつくられたのです。それがミレニアム開発目標（MDGs）です。8つの目標の1つに「普遍的な初等教育の達成」がかかげられました。

目標1：極度の貧困と飢餓の撲滅

目標2：普遍的な初等教育の達成

目標3：ジェンダーの平等の推進と女性の地位向上

目標4：幼児死亡率の引き下げ

目標5：妊産婦の健康状態の改善

目標6：HIV／エイズ、マラリア、その他の疾病の蔓延防止

目標7：環境の持続可能性の確保

目標8：開発のためのグローバル・パートナーシップの構築

出典：国連広報センターホームページ

質の高い教育をみんなに

　MDGsでは、「普遍的な初等教育の達成」がうたわれましたが、そもそも教育とは、子どもに対するものだけではなく、一生を通じて必要なこと、社会のあらゆる分野の専門家を育てたりするのも教育であることから、2015年にMDGsをひきついでつくられたSDGsでは、「質の高い教育をみんなに」とされました。

⑥ わたしたちにできること

開発途上国などには教育を受けられない人がたくさんいます。先進国でも教育格差があります。国民の教育は国の義務ですが、教育の普及のため、わたしたちにもできることはたくさんあります。

世界の現状を知ること

現在、開発途上国などの子どもたちが学校にいけるようにするため、先進国や国連、NGO*などさまざまな組織や団体が、世界の学校のない地域に学校を建設したり、本や文房具などを支援したりする活動をおこなっています。

わたしたちにできることとして、まず世界の教育にかかわる現実を理解することがあげられます。そして、さまざまな支援活動がどのようにおこなわれているかを調べた上で、自分にできる支援をおこなうこともできます。

紛争が続くシリアでは、はげしい戦闘によって学校も破壊されてしまった。

理解したことを広める

学校にいかないで児童労働（→『労働と経済』の巻）を強いられたり、最悪の場合、子ども兵士（→p13）にさせられたりする現実に目をむけ、ど

うしてそのようなことになるかを理解すること、そして、それに反対する意思表示を明確におこない、そうした事実をより多くの人に知ってもらうように広める（情報を発信・拡散する）ことも、わたしたちにできることです。それには、SNSやブログを活用することもできます。

*政府から独立して国際協力活動をする民間団体。非政府組織。Non-Governmental Organizationの略。

寄付やボランティア

日本にも、開発途上国に学校をつくったり、文房具などを送ったりしているNGOなどがいくつもあります（→p29）。そうした団体ではたいてい広く寄付を募っています。インターネットなどで検索して、寄付をすることも、わたしたちにできることです。

なお、大学生にもなればボランティアとして開発途上国におもむき、学校建設に参加することもできます。将来、実際にそのようなことをする前の段階では、どのような団体が、どこでどんな活動をしているかをよく調べておくことが大切です。

いろいろなものを集める

学校建設にはお金がかかります。

その費用を寄付金として募集している団体のなかには、いろいろなものを集めて、それらをお金にかえて支援活動をおこなっている団体もあります。

たとえば、未使用切手や書き損じハガキ、古本など、どこの家庭にもねむっているものを集めているところもあります。

カンボジアの貧しい農村では、NGOによって学校が建てられている。

古い文房具など、いくら古いものでもいいといわれても、もらう人の身になって考えてみないといけないね。できれば、自分がもらってうれしく感じるものを送りたいね。

⑦ だからSDGs目標４

目標４の「質の高い教育をみんなに」が達成できれば目標１の「貧困」の解消にも、目標５の「ジェンダー平等」にもつながります。教育は、SDGsのすべての目標達成に深く結びついているのです。

すべての根底にあるのが教育

世界にはおとなになる前に結婚させられる女の子がたくさんいます（→『ジェンダー』の巻）。出産させられ、その子どもが働かされるのです。どうしてそんなことになるのか？　そうならないようにするにはどうしたらよいか？　などを教えるのも教育の役割です。また、いまも世界中で感染症が猛威をふるっていて、数えきれない人がなくなっています。その感染症をどうしたら防げるのかを教えるのも、教育の役割です。

目標13の「気候変動」について教えるのも、「海の豊かさ」（目標14）、「陸の豊かさ」（目標15）の目標を達成するのにも、教育が欠かせません。

このように、教育はSDGsのすべての目標と密接な関係にある（→右のくもの巣チャート）と同時に、すべての根底にある目標であるといえるでしょう。

くもの巣チャートで考えよう！

SDGsのとくちょうの1つとして、17個のうちどれかの目標を達成しようとすると、ほかの目標も同時に達成していかなければならないということがあります。ここでは、目標4と強く関係するほかの目標との関連性を見てみます。

目標4の達成が、ほかの目標の根底にあるんだね。

5 女性が不当にあつかわれないように、また、偏見や差別を受けないようにする教育が、目標5の「ジェンダー平等」の達成には不可欠だ。

6 開発途上国では、水くみが女性や子どもの仕事になっている。安全な水が利用できるようになれば、学校にいけない理由もなくなる。清潔なトイレがないために学校にいけない女子が多い。トイレは学校教育にとって重要だ。

3 教育によって病気の原因や、感染経路を知ることができる。偏見や迷信によってまちがった判断をしないようにするにも教育が必要だ。

7 電気の通っていない開発途上国の郊外などで、小規模な太陽光発電や風力発電を利用できるようにするにも教育が必要だ。

1 貧困で学校にいけない（いかない）と、いつまでたっても貧困からぬけだせない。教育を受ければ、貧困から脱出するチャンスが拡大する。

8 人びとの働きがいにも、国や地域の経済成長にも教育が必須であるのはいうまでもない。

9 目標4は何も子どもの教育についてだけいっているわけではない。目標9を達成するための人材づくりも教育の役目である。

12・13・14・15 地球温暖化が続き、海や陸の生態系が破壊され続けたら、地球も人類もやっていけない（持続不可能になる）ことを人びとに教えるのも教育の役割だ。

10 目標10の「人や国の不平等をなくそう」を実現するには、不平等がさまざまなことの障がいになっているということを人びとに教育しなければならない。

SDGsの全169個のターゲット*は、もともと英語で書かれていました。それを外務省が日本語にしたのが、右側の　　に記したものです。むずかしい言葉が多いので、このシリーズでは、ポイントをしぼって「子ども訳」をつくりました。

*SDGsでは17の目標それぞれに「ターゲット」とよばれる「具体的な目標」を決めている。

4.1 2030年までに、すべての子どもが無償で質の高い初等教育および中等教育（基礎教育）を受けることができるようにする。

すべての子どもは教育を受ける権利をもっている。

4.2 2030年までに、すべての子どもが初等教育の準備のための幼児教育を受けられるようにする。

4.3 2030年までに、すべての人が質の高い技術教育、高等教育が受けられるようにする。

職業の選択肢をふやすためにも技術教育や高等教育が受けられる機会があることは重要だ。

4.4 2030年までに、仕事に必要な技能を備えた若者とおとなを大幅にふやす。

4.5 2030年までに、ジェンダー格差、障がい者、先住民などの区別なく、平等に教育や職業訓練（→p30）を受けられるようにする。

みんなが平等に教育や職業訓練を受けられることが、格差をなくすことにつながる。

4.6 2030年までに、若者とおとなが読み書きと計算能力を身につけられるようにする。

文字の読み書きや計算などの基礎的な能力は、格差をなくすために必要だ。

子ども訳

4.7 2030年までに、持続可能な開発のための教育を広めていく。

4.a 子ども、障がい者、ジェンダーに配慮し、安全で効果的な教育施設を整備する。

障がいがあっても教育を受けられるようにするためには、配慮のある施設が必要だ。

4.b 2020年までに、開発途上国などでの職業訓練などの高等教育への奨学金を大幅にふやす。

4.c 2030年までに、開発途上国において質の高い教員を大幅にふやす。

もっと勉強して先生になるんだ!!

先生になりた～い!!

先生みたいな先生になりた～い!!

子どもたちが教育を受けられない原因に、教員不足がある。

目標4のターゲット（外務省仮訳）

4.1 2030年までに、全ての子供が男女の区別なく、適切かつ効果的な学習成果をもたらす、無償かつ公正で質の高い初等教育及び中等教育を修了できるようにする。

4.2 2030年までに、全ての子供が男女の区別なく、質の高い乳幼児の発達・ケア及び就学前教育にアクセスすることにより、初等教育を受ける準備が整うようにする。

4.3 2030年までに、全ての人々が男女の区別なく、手の届く質の高い技術教育・職業教育及び大学を含む高等教育への平等なアクセスを得られるようにする。

4.4 2030年までに、技術的・職業的スキルなど、雇用、働きがいのある人間らしい仕事及び起業に必要な技能を備えた若者と成人の割合を大幅に増加させる。

4.5 2030年までに、教育におけるジェンダー格差を無くし、障害者、先住民及び脆弱な立場にある子供など、脆弱層があらゆるレベルの教育や職業訓練に平等にアクセスできるようにする。

4.6 2030年までに、全ての若者及び大多数（男女ともに）の成人が、読み書き能力及び基本的計算能力を身に付けられるようにする。

4.7 2030年までに、持続可能な開発のための教育及び持続可能なライフスタイル、人権、男女の平等、平和及び非暴力的文化の推進、グローバル・シチズンシップ、文化多様性と文化の持続可能な開発への貢献の理解の教育を通して、全ての学習者が、持続可能な開発を促進するために必要な知識及び技能を習得できるようにする。

4.a 子供、障害及びジェンダーに配慮した教育施設を構築・改良し、全ての人々に安全で非暴力的、包摂的、効果的な学習環境を提供できるようにする。

4.b 2020年までに、開発途上国、特に後発開発途上国及び小島嶼開発途上国、並びにアフリカ諸国を対象とした、職業訓練、情報通信技術（ICT）、技術・工学・科学プログラムなど、先進国及びその他の開発途上国における高等教育の奨学金の件数を全世界で大幅に増加させる。

4.c 2030年までに、開発途上国、特に後発開発途上国及び小島嶼開発途上国における教員研修のための国際協力などを通じて、質の高い教員の数を大幅に増加させる。

年間出版点数の多い国

識字率が高い国では、本が多く出版されています。また、教育水準も高いといわれています。下の世界地図は、1年間に本が何点出版されたか（出版点数）をあらわしています。世界でも本の出版点数が多い国は、イギリスやアメリカなどの英語圏です。なぜなら英語の本を読むことができる人は、世界にたくさんいるからです。人口が非常に多く、活字文化を大事にしている中国も出版点数が多くなっています。

文化を伝えるメディア

本や音楽、映像などのさまざまな情報を伝える道具を「メディア」とよびます。わたしたちはメディアを通じて自分たちの文化を確認し、外国の文化を知ることができます。

そのなかでも、高価なものだった本は、15世紀に印刷技術が発明されてからは、値段も安くなり、入手しやすくなりました。それ以降、宗教や文字などの文化は、本を通じてより広く伝わりました。

●世界各国の年間出版点数

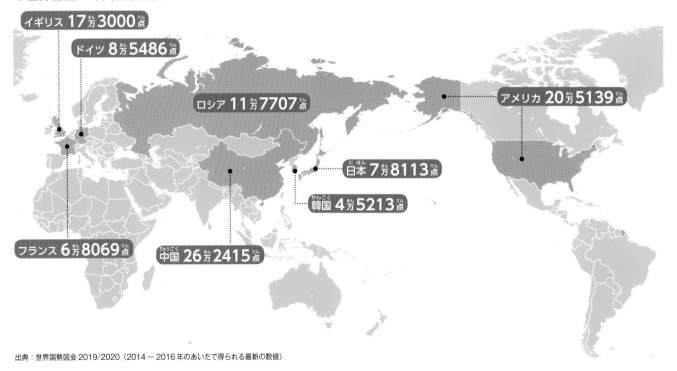

イギリス 17万3000点
ドイツ 8万5486点
ロシア 11万7707点
アメリカ 20万5139点
日本 7万8113点
韓国 4万5213点
フランス 6万8069点
中国 26万2415点

出典：世界国勢図会 2019/2020（2014 ～ 2016 年のあいだで得られる最新の数値）

SDGs 関連資料②

巻頭絵本に登場するミンダナオ子ども図書館は、フィリピンのミンダナオ島で活動するNGOです。戦争によって被害を受けた子どもたちのために孤児院（→p30）を開き、絵本の読み聞かせや、教育支援などをおこなっています。

●目的

- 愛を必要としている不幸な子どもたちに仕え、おたがいに愛しあうこと。
- 悲しみのなかにいる子どもたちに喜びを、傷ついた心にいやしをあたえ、おたがいの文化をわかちあい、1つの家族として生きること、そして夢をかなえて平和な世界とすること。

●活動内容

松居友氏と妻のエープリルリン・松居氏が設立・運営している。戦争や貧困により教育が満足に受けられない子どもに対して物資を提供するほか、奨学金の提供、ミンダナオ子ども図書館施設内で住めるように生活環境の提供もしている。

●「図書館」にこめられた想い

設立当初から、松居友氏は絵本編集者の経験を生かして、戦争で傷つきトラウマをもった子どもたちを絵本の読み聞かせによっていやす活動をしている。そのため、団体名に「図書館」がつけられた。

●日本とのかかわり

現地の子どもの支援のほかにも、日本人の体験訪問も受けいれている。日本の若者にきてもらい、ミンダナオ島の現実を知ってもらうためだ。つぎの世代のにない手の彼らが、そこで見たものや感じたことを日本にもちかえり、子どもが幸せに育っていける社会をつくってほしいという想いがある。

日本から寄贈された文房具が入った袋を受けとる子ども。

ミンダナオ子ども図書館では洋服、食器、文房具といった日用品の支援も受けつけているよ。実際にミンダナオ子ども図書館のホームページを確認して、どんな支援ができるか探してみよう。

■SDGs 関連用語解説

孤児院

親を失い保護者のいない子どもを育て教育をするための施設。ユニセフによると、世界では少なくとも270万人の子どもが孤児院でくらしている。日本では児童養護施設とよばれ、保護者のいない子どもに加えて、虐待や親の病気といった理由から家庭にいられない子どもがくらしている（2018年には約２万7000人）。

子どもの権利条約

1989年に採択された国際条約。これにより子どもの基本的人権が、はじめて国際的に保障された。子どもを18歳未満と定義し、子どもの４つの権利を守ることを求めている。

- 生きる権利：健康に生まれ、じゅうぶんな水や栄養があって健康に成長すること
- 守られる権利：差別や虐待などから守られること
- 育つ権利：教育を受け、自分らしく生きること
- 参加する権利：自分の意見をもって社会に参加すること

2020年現在、196の国や地域が締約。締約国は、子どもの権利を守るためできるかぎりのことをする義務がある。権利が守られていない場合は、国は法律や制度をつくるなどして何らかの対策をとらなければならない。条約の内容を広く知ってもらうことも義務の１つとされている。

職業訓練

職業に必要な知識や技能を身につけさせること。開発途上国では、学校に通えなかった若者たちはかぎられた職業しか選択できず、貧困におちいることがある。そのためユニセフなどは職業訓練の施設を支援することによって、若者の職業の選択肢を広げ貧困対策につなげようとしている。

紛争

利益が対立して争いになること。ユニセフによると、武力を用いた紛争がおこなわれている地域は、世界に22か国ある。

そうした地域では、子ども（6〜15歳）の22％にあたる、2500万人が学校に通えていない（2017年）。戦闘がはげしい地域では学校への攻撃もあり、2018年、アフガニスタンの学校への攻撃件数は192件にのぼった。そのためアフガニスタンでは、約半数の子どもが学校に通えていない。

包摂的

包みこむこと。inclusiveの日本語訳。対義語のexclusiveは日本語で「排他的」。

「包摂的」は、SDGsの原則の１つで、「誰一人取り残さない」というキーワードで表現されている。そのなかには、子ども、若者、障がい者、エイズとともに生きる人びと、高齢者、先住民、難民、国内避難民、移民などあらゆる立場の人たちがふくまれる。また「包摂的」は、SDGsの目標4、8、9、11、16の5つの目標文にも出てくる。

ユネスコ憲章前文（教育に関する部分の抜粋）

「文化のひろい普及と正義・自由・平和のための人類の教育とは、人間の尊厳に欠くことのできないものであり、かつ、すべての国民が相互の援助および相互の関心の精神をもってはたさなければならない神聖な義務である」「この憲章の当事国は、すべての人に教育の充分で平等な機会があたえられ、客観的真理が拘束を受けずに探究され、かつ、思想と知識が自由に交換されるべきことを信じて、その国民の間における伝達の方法を発展させおよび増加させること、ならびに相互に理解し、および相互の生活をいっそう真実に、いっそう完全に知るために、この伝達の方法をもちいることに一致し、および、決意している」。

※数字は、関連用語がのっているページを示しています。

さくいん

■著
稲葉茂勝（いなばしげかつ）
1953年東京生まれ。東京外国語大学卒。編集者としてこれまでに1350冊以上の著作物を担当。著書は80冊以上。近年子どもジャーナリスト（Journalist for Children）として活動。2019年にNPO法人子ども大学くにたちを設立し、同理事長に就任して以来「SDGs子ども大学運動」を展開している。

■監修
渡邉 優（わたなべまさる）
1956年東京生まれ。東京大学卒業後、外務省に入省。大臣官房審議官、キューバ大使などを歴任。退職後、知見をいかして国際関係論の学者兼文筆業へ。『ゴルゴ13』の脚本協力も手がける。著書に『知られざるキューバ』（ベレ出版）、『グアンタナモ　アメリカ・キューバ関係にささった棘』（彩流社）などがある。外務省時代の経験・知識により「SDGs子ども大学運動」の支柱の1人として活躍。日本国際問題研究所客員研究員、防衛大学校教授、国連英検特A級面接官なども務める。

■表紙絵
黒田征太郎（くろだせいたろう）
ニューヨークから世界へ発信していたイラストレーターだったが、2008年に帰国。大阪と門司港をダブル拠点として、創作活動を続けている。著書は多数。2019年には、本書著者の稲葉茂勝とのコラボで、手塚治虫の「鉄腕アトム」のオマージュ『18歳のアトム』を発表し、話題となった。

■絵本
文：大塚健太（おおつかけんた）
埼玉県出身。構成作家、脚本家として活動したのちに絵本の世界と出会い、おはなしを書き始め現在に至る。絵本作品に『てをつなごう』（共著／今人舎）などがある。

絵：おくやまひでとし
山形県出身・玉川大学卒・ゆうゆう絵本講座4期生。絵本に『勝海舟』（西本鶏介作／ミネルヴァ書房）『およげ！いぬやまくん』（きむらゆういち作／新日本出版社）など。

■編さん
こどもくらぶ
編集プロダクションとして、主に児童書の企画・編集・制作をおこなう。全国の学校図書館・公共図書館に多数の作品が所蔵されている。

■編集
津久井 恵（つくいけい）
40数年間、児童書の編集に携わる。現在フリー編集者。日本児童文学者協会、日本児童文芸家協会、季節風会員。

■G'sくん開発
稲葉茂勝
（制作・子ども大学くにたち事務局）

■地図
周地社

■装丁・デザイン
矢野瑛子・佐藤道弘

■DTP
こどもくらぶ

■イラスト協力（p26-27）
くまごろ

■写真協力
p11：Shigenone/PIXTA
p12：©Mark Knobil
p13：©Em Baker
p13：©Arsenie Coseac
p14：©A.Savin
p19：©Paul Hudson
p20：©Kovalenkov Petr - Dreamstime.c
p21：©Babucke.
p22：©Julien Harneis
p23：©Charles Chan
p24：Greyscale / PIXTA
p29：ミンダナオ子ども図書館

SDGsのきほん 未来のための17の目標⑤ 教育 目標4　　　　N.D.C.371

2020年9月　第1刷発行　　2023年1月　第4刷

著　　稲葉茂勝
発行者　千葉 均　　編集 堀創志郎
発行所　株式会社ポプラ社
　　　　〒102-8519　東京都千代田区麹町4-2-6
　　　　ホームページ　www.poplar.co.jp
印刷・製本　図書印刷株式会社

Printed in Japan
©Shigekatsu INABA 2020

31p 24cm
ISBN978-4-591-16737-3

ミンダナオ子ども図書館（MCL）館長からのメッセージ

新型コロナウイルスの影響で、印刷所も閉鎖し、郵便局も閉じられています。そのため、機関誌『ミンダナオの風』4月号が発送も出来ません。5月に入っても、いつ郵便が動きはじめるのか……。そんな中で、日本のみんなに向けたメッセージを書いています。

私のいるミンダナオ島は東京から約3500km、沖縄からなら、東京と同じくらいの距離にあります。日本からこれほど近いところなのに、去年あたりから、国軍とイスラム過激派との、武装闘争が続いています。こうした地域にあるMCLには86名の子どもたちと常住のスタッフのファミリー100名が暮らしています。子どもたちは、家が極貧で兄弟姉妹も多く、十分に食べられない子、親のいない子などさまざまです。

新型コロナウイルスは、私たちにも忍び寄ってきています。私たちをふくむ、この地域の人びとは、医者にかかることもできません。もし感染者が出たら、おそろしいことにも。そんな中でも、MCLに住みたい子の数は増えていて、今年は200名を超えました。みんな、どんなに苦境にあっても、勉強したい、勉強して家族をやしないたい、貧困からぬけだしたいと願う子どもたちばかりです。

最後に一言。今、新型コロナウイルスによって学校が休校になっている日本のみんな！今は、休校でも、みんなには学校があります。それは、とても、とても幸せなこと。そもそも学校がなかったり、行きたくても行けない子どもたちが、世界中にかぞえきれないほど大勢います。日本にほど近いところにもです。

松居　友

SDGsのきほん　未来のための17の目標

全18巻

G'sくんのつくりかた

 G'sくんは ぼくだよ。

パーツⒶⒷは同じ色の折り紙でつくるよ。

ⒶⒷの順につくってから合体してね。

パーツⒶのつくりかた

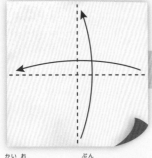

2回折って、4分の1にする。

すべて 開く。

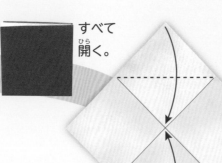

中心に向けて折る。

まん中であわせる

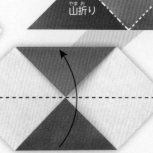

山折り　谷折り

半分に折る。

パーツⒷのつくりかた

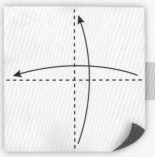

2回折って、4分の1にする。

すべて 開く。

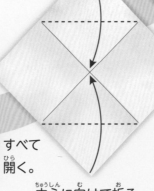

中心に向けて折る。

半分に折る。

半分に折る。

まん中であわせる

谷折り　山折り